알리기 전에 알면 좋은 사실들

일러두기

··· 관련 법규와 사례는 2018년 2월 기준으로 수집, 정리했습니다.

알리기 전에 알면 좋은 사실들

초판 1쇄 발행 2018년 3월 20일

지은이 홍태화

펴낸이 조기흠
편집이사 이홍 / **책임편집** 박혜원 / **기획편집** 최진, 박종훈, 송지영
마케팅 정재훈, 박태규, 김선영, 이건호 / **디자인** 정인호 / **제작** 박성우, 김정우

펴낸곳 한빛비즈(주) / **주소** 서울시 서대문구 연희로2길 62 4층
전화 02-325-5506 / **팩스** 02-326-1566
등록 2008년 1월 14일 제 25100-2017-000062호

ISBN 979-11-5784-244-5 03330

이 책에 대한 의견이나 오탈자 및 잘못된 내용에 대한 수정 정보는 한빛비즈의 홈페이지나
이메일(hanbitbiz@hanbit.co.kr)로 알려주십시오. 잘못된 책은 구입하신 서점에서 교환해드립니다.
책값은 뒤표지에 표시되어 있습니다.

홈페이지 www.hanbitbiz.com / **페이스북** hanbitbiz.n.book / **블로그** blog.hanbitbiz.com

지금 하지 않으면 할 수 없는 일이 있습니다.
책으로 펴내고 싶은 아이디어나 원고를 메일(hanbitbiz@hanbit.co.kr)로 보내주세요.
한빛비즈는 여러분의 소중한 경험과 지식을 기다리고 있습니다.

명예훼손이라는 말에 벌벌 떨지 않게 되는 날을 위해

들어가는 글

알리고 싶을 때, 어떻게 알려야 하는지
배운 적 없는 사람들에게

몇 년 전 한 기업의 사내 성추행 피해자가 자살을 시도했다.
원인은 회사의 고소였다. 피해자가 회사의 명예를 훼손했다는 것.

성추행 피해를 당했는데 사내에서는 오히려 가해자를 감싸고 돌자
이런 사실을 SNS에 호소했다. 그리고 고소당했다. 정신적으로
충격이 컸던 피해자는 SNS에 유서를 남기고 목숨을 끊으려 했다.
회사는 그 유서 내용도 문제라며 피해자를 또 명예훼손으로 고소했다.

다행히 피해자는 무죄 판결을 받았지만 만신창이가 됐다.
후유증으로 우울증과 공황장애, 불안장애에 시달려야만 했다.
피해자가 처음부터 자신이 잘못하지 않았다는 사실을 알았더라면,
도움을 청할 수 있는 곳을 미리 알았더라면 덜 힘들지 않았을까.
<u>알리기 전에 알면 좋은 사실들</u>은 그렇게 시작했다.

여러 분야에서 안전한 폭로를 도와줄 수 있는 많은 사실을 배웠다.
더 많은 사람에게 알리고자 책으로 제작에 나섰다.

기획에는 디자이너 김나연 교수님의 도움을 많이 받았다.

펀딩 사이트 「텀블벅」에서 책 제작 크라우드 펀딩을 진행했고,
그 과정에서 과분한 관심을 받았다.
세상에 폭로할 일이 그만큼 많다는 반증이다.
언젠가는 폭로할 일이 없는 사회가 되기를 간절히 바란다.

들어가는 글

"명예훼손으로 고소할 거야!"

피해를 호소하려는 사람에게 이 말은 상당한 위협이 된다.
실제로 많은 사례에서 볼 수 있듯이 명예훼손이라는 말은
피해자에 대한 입막음 도구로 이용된다. 설령 재판에서 무죄 판결을
받더라도 피해자는 움츠러들게 된다.

<u>알리기 전에 알면 좋은 사실들</u>은 알림을 고민하는 사람들에게
대한민국에는 부당한 일을 당한 사람들을 위한 기관이 존재하고,
피해자는 법적 도움을 받을 수 있으며, 법이 그렇게 막무가내로
사람을 궁지로 몰아넣지 않는다는 사실을 알리고자 한다.

더불어 알리는 이가 보다 적은 노력으로 더 많은 이에게
효과적으로 알리는 일을 진행할 수 있도록, 다양한 알림 방식과
그 사례들로 선택지를 제공하려 노력했다.

부당한 일을 당했음에도 어찌할 바를 모르는 많은 사람들에게
알리는 일이 안전하고도 든든한 수단이 되길 바란다.

추천사

폭로를 결심했다는 건 자신의 삶을 걸고 싸우기를 각오했다는 뜻이다. 이미 위험을 무릅쓸 준비가 된 것이다. 하지만 여기에 자신과 주변을 보호할 최소한의 지침이 더해진다면 더 나은 결과를 낳을 가능성이 높아진다. 더 나은 방편을 고민할수록 싸움은 수월해질 것이다. 우리 모두 더 효과적으로, 더 끈질기게 싸우게 되기를 빈다. 묻어두기보다 꺼내기로 결심한 용감한 자들이 결국은 세상을 바꾼다.

_**이민경**《우리에겐 언어가 필요하다》저자)

모든 폭로는 양날의 검이다. 분노에 의해 쉽게 칼을 들 순 있지만, 숙련되게 휘두르지 않으면 오히려 자신의 몸을 벨 수도 있다. 내 의도와 무관하게 주변 사람들이나 무고한 사람들이 해를 입을 수도 있다. 이 책은 분노와 정의감에 불타는 자들에게 좀 더 현명하게 승리할 수 있는 방법을 제시한다. 약자일수록 영리해야 한다.

_ **조윤호**《나쁜 뉴스의 나라》저자)

추천사

법은 원래 국민의 자유와 권리를 지켜주기 위해 만들어졌다. 하지만 그 법이 아픔과 억울함을 호소하려는 피해자의 입을 막아버리기도 한다. 가해자의 '명예'를 해치지 말라면서 말이다. 그래서 약자들은 억울한 일을 겪어도 목소리를 내기 어렵다. 이를 근본적으로 해결하려면 법을 고치는 게 맞다. 하지만 당장 알려야 할 일이 있는 사람들에겐 걱정을 덜고 목소리를 높일 수 있는 방법이 더 시급하다. 그런 도움을 주는 책이 나왔으니 고마울 따름이다.

_양지열(법무법인〈가율〉 대표 변호사)

이런 주제로 책을 낸다는 발상부터가 무척 깜찍하다. 깜찍하다는 표현이 무리라면 기발하다고 해두자. 어떻게 하면 돈을 벌 수 있고, 출세를 할 수 있는지 따위의 정보를 제공하는 여타 처신서와는 다르다. 억울한 상황에 놓였을수록 오히려 자신이 하는 말과 글을 여러 각도로 다시 되짚어보라는 깊이 있는 메시지를 다룬다. 이렇게 수많은 자료를 찾고 분류, 검증해서 한 권의 책으로 만드는 건 아무나 할 수 있는 일이 아니다.

_김석진(김석진 법률사무소 대표 변호사)

추천사

우리는 피해자를 보호해야 할 법이 오히려 가해자의 안전장치가 되는 경우를 자주 목격한다. 공소시효라는 이상한 면책과 명예훼손이라는 부당한 무기를 든 성범죄자는 당당하다. 남성 기득권이 자기 본위로 만든 법이란, 대체 무엇인가. 이것은 비극적이다. 피해자가 의지해야 할 대상은 돌고 돌아 결국 법일 수밖에 없다. 법을 뜯어고치는 게 최선이겠지만 난망하다. 애석하게도 현재로서는 법의 테두리 안에서 어떻게든 해결책을 강구해야 한다. 피해자의 안전장치가 되는 법 지식이 시급하다. 이 책은 이런 고민의 결과물이다. 피해를 호소하는 구체적인 방식, 그것의 파급효과, 언론 및 SNS의 활용 방식, 다양한 법률자문기관 소개, 그리고 이 모든 것과 관련된 법규 등이 간결하면서도 단단하게 쌓여 있다. 이 책에 담긴 지식이 미래를 걸고 폭로를 결심한 피해자들에게 용기가 되어주길 간절히 바란다. 피해자가 숨어야 하는 세상은 이제 종식되어야 한다. 당신은 잘못한 게 없다.

_**박우성**(영화평론가)

추천사

부당한 일은 드러나야 바로 잡을 수 있다. 하지만 명예훼손 등의 위협 때문에 용기 있는 고백을 한 자들이 희생되는 권력 구조가 유지되고 있다. 법은 명예훼손죄를 힘 있는 자의 '입막음 도구'로 준 것이 아니다. 공익을 위해 진실한 사실을 알리는 것은 명예훼손이 성립하지 않는다. 부당한 일을 당했을 때 알릴 수 있고 법의 이름으로 공론화시킬 수 있는 사회가 정의가 살아있는 사회다. 이 책 덕분에 '명예훼손이라는 말에 벌벌 떨지 않게 되는 날'이 더 빨리 올 듯하다.

_**정현미**(이화여대 법학전문대학원 교수)

무지는 무기력을 낳는다. 알지 못해서 억울한 일을 당하고도 대응법을 몰라 무기력했던 사람에게 이 책은 이렇게 말한다. 아는 것이 힘이라고. 우리는 배우고 익혀야 한다. 나를 보호하는 방법을, 그리고 무기력에서 벗어나는 방법을.

_**노명우**(아주대학교 사회학과 교수)

목차

알리는 일

알리는 일의 개념

알리는 일이란 무엇인가

* 알리다

1. 「알다」의 사동사.
2. 다른 사람에게 어떤 것을 소개하여 알게 하다.

알린다는 말은 사전적으로 특정 사실(목적)을 누군가(대상)에게 알게 한다는 의미를 가진다. 언어가 생겨나기 전부터 인간은 생존을 위해 알리는 행위를 했으며, 언어가 생겨난 이후에도 말과 글을 통해 알리는 일을 계속해오고 있다. 상대방이 모르는 사실을 전달하는 모든 행위가 「알리는 일」에 해당한다.

이 책에서는 알리는 일을 다수에게 알리는 일로 국한한다. 일상에서 이러한 일은 언론이나 서적, 웹 등을 통해 일어난다. 문명이 발달하고 생활이 복잡해질수록 사람들에겐 점점 더 많은 정보가 필요해졌고 이는 알림 매체의 발달을 가져왔다.

언론 매체란 일반적으로 방송과 신문, 잡지 등 정기간행물, 인터넷 신문 등을 뜻한다. 언론은 세상에서 일어나고 있는 사실을 밝혀 알리거나 여러 가지 현상에 대해 보도, 논평, 해설하며 이를 위해 새로운 정보와 사건을 취재하는 일을 한다. 때로는 사건에 대한 여론을 형성하기도 한다.

이 책은 특정 문제에 대해 여론을 형성하는 언론의 역할에 주목한다. 개인이 이를 이용하고자 할 때 참고할 만한 여러 사항을 모아 도움을 주고자 한다.

알리는 일의 방식

어떻게 알릴 수 있는가

◆ 허위 사실의 유포 혹은 조롱의 목적으로서의 알림은 포함하지 않는다.
해당 행위는 명백한 범죄이며 책의 내용에 부합하지 않는다.

1. 직접 알리는 방식
2. 전문가의 도움을 구하는 방식

웹 및 모바일 SNS의 발달로, 이제 알리는 일은 언론의 전유물이 아니다. 누구나 언제 어디서든 불특정 다수에게 자신이 원하는 바를 전달할 수 있다. 얻고자 하는 바 혹은 그 성격에 따라 알리는 일은 크게 두 가지 방식으로 나뉜다.

첫째, 알리고자 하는 사실을 당사자가 직접 공공의 다수에 알리는 방식으로 사내 투고 / 기자회견 / SNS 공표 등이 이에 속한다. 범죄 신고 및 고소·고발 또한 알림의 수단이다.

둘째, 알리는 과정에서 전문가의 도움을 구하는 방식이다. 이때 도움이란 언론 매체나 시민단체 등을 통해 알리는 일 자체의 대행 혹은 그 외 주변 상황에 대한 조력을 말한다.

이 책에서는 언론 제보 방법, 제보 시 주의사항, 도움을 받을 수 있는 기관에 대해 다뤘다. 또한 알림과 연관 있는 관련 법규와 간략한 해석을 적어 알리는 사람으로 하여금 최소한의 지식을 갖추도록 하였다.

알리는 일의 효과

알리는 일이 가지는, 기대할 수 있는 파급효과

1. 법적, 제도적 재조명
2. 대중의 공감 및 여론 형성

알림의 효과는 크게 직접적 효과와 간접적 효과로 나눌 수 있다.

직접적인 효과는 법 및 제도를 통해 일어난다. 알림을 통해 형사사건의 재수사가 이뤄지기도 하고, 불합리한 부분의 노출을 통해 법 및 제도 자체가 바뀌는 일도 생긴다.

이 경우 주로 언론 매체를 통해 크게 알려진 뒤 사안의 전문가 혹은 기관에서의 지속적인 논의를 통해 결과로 이어진다.

간접적인 효과는 사람들을 통해 발휘된다.
믿을 만한 설득력으로 대중에게 공감을 산다면 대중은 자신들이 할 수 있는 방식으로 행동을 취한다. 이는 특정 기업 상품에 대한 불매운동으로 이어질 수도 있고 언론 취재로 이어지기도 한다.

문제 해결에 있어서 알리는 일은 최선보다는 차선책에 가깝다.
알림의 성격상 사안에 따라 기대한 만큼의 효과를 내지 못할 가능성도 있다. 그럼에도 알림은 역사적으로 수많은 사건 속에서 지속적으로 사회를 변화시켰으며 지금도 그 역할은 여전하다.

알리는 방식

① 공통
② 언론 제보
③ SNS 폭로

알리는 방식

① 공통

② 언론 제보

    알리는 방식으로서의 언론 제보

    언론 제보 시 참고 사항

③ SNS 폭로

    알리는 방식으로서의 SNS

    SNS에서 고려해야 할 내용

사실을 알릴 때 취할 수 있는 대표적인 방식

앞서 언급한 대로 알리는 일은 직접적인 방식과 간접적인 방식,
두 갈래로 나뉜다. 각각 성격은 조금씩 다를 수 있어도 공통적인
몇 가지 참고 사항을 공유한다.

당연한 말이지만 허위 사실을 알려서는 안 된다. 이는 알림에 있어서
가장 중요한 지점이기도 하다. 간혹 사실과 허위 사실, 과장이 섞인 채
알리는 일이 발생한다. 이 경우 또 다른 피해자를 낳는 것은 물론
알리는 당사자 본인에게도 큰 문제가 될 수 있다.

가급적 증명 가능한 사실을 바탕으로 알려야 한다. 실제로 발생한
사실을 알리더라도 그 진위를 가릴 수 없다면 다른 누군가에게는 허위
사실로 여겨질 수 있다. 한 노동 관련 시민단체는 일상에서 녹음,
녹취를 생활화할 것을 추천했다. 대화 당사자가
직접 대화를 녹음하는 경우는 불법이 아니기 때문이다.

시간대를 알 수 있는 정기적인 기록 또한 효과적인 무기가 된다.
알릴 만한 사실이 발생했을 때, 그때그때 SNS에 비공개로 기록을
남기면 게시 시점이 남아 사실로 인정받기 용이하다. 작성할 때는
구체적으로 인물과 사건에 대해 자세히 서술해야 한다.

사실관계 확인을 위한 노력 또한 중요하다. 알리기 전에 그것이 허위가
아닌지 알아보기 위해 노력했다는 증거를 남겨두는 것이 좋다.

알리는 방식

① 공통
② **언론 제보**
   알리는 방식으로서의 언론 제보
   언론 제보 시 참고 사항
③ SNS 폭로
   알리는 방식으로서의 SNS
   SNS에서 고려해야 할 내용

언론은 전문적인 매체로서의 신뢰와 인프라를 바탕으로 일반인의 발언보다 큰 파급효과를 지닌다

현대사회에서 언론은 가장 강력한 알림 수단이다. 당장 TV를 틀거나 인터넷 포털에 들어가기만 해도 뉴스를 볼 수 있고, 10대 일간지 기준 400만 가구가 매일 아침 신문을 받아본다. 언론은 가장 많은 사람에게 사실을 알릴 수 있는 수단이다.

알리는 일은 언론 본연의 업무이기도 하다. 언론의 비판 기능은 헌법으로도 보장된다. 여러 판례에 따르면 진실한 사실 그리고 공정한 취재 과정이 선행되고 그 목적이 공익에 부합할 시 언론의 표현은 명예훼손죄에서 상당 부분 자유롭다.

「내 상황이 과연 언론에 보도가 될까?」라고 생각할 수도 있다. 하지만 보도자료를 뺀 대부분의 단독 뉴스는 제보로 만들어진다.

2015년에 KBS에 접수된 4만여 건의 제보 중 427건의 제보가 전파를 탔다. 조선일보는 사회면에 독자 제보를 기사화하는 독자리포트 코너를 신설했다. 언론의 각 영역에서 제보의 중요성은 점점 더 커지고 있는 추세이다.

다만 같은 내용이라도 어떤 기자에게 제보했는지, 제보하는 내용이 사실에 근거하는지, 매체에 실을 만한 내용인지에 따라 기사화가 이뤄질 수도, 이뤄지지 못할 수도 있다.

알리는 방식

① 공통

② 언론 제보

알리는 방식으로서의 언론 제보

언론 제보 시 참고 사항

③ SNS 폭로

알리는 방식으로서의 SNS

SNS에서 고려해야 할 내용

1. 제보하려는 분야의 전문 기자를 찾는 것이 좋다

언론사에 제보할 때에는 먼저 네이버나 다음과 같은 포털에서
제보 내용과 비슷한 기사를 작성하는 기자를 찾는 것이 좋다.

방법은 간단하다. 제보하려는 내용의 키워드로 기사를 검색한 후
해당 기사를 작성한 기자의 이메일로 제보하면 된다. 아무래도
해당 분야의 기자이기 때문에 더 많은 관심을 가질 확률이 높다.

예를 들어 탈세 관련 제보라면 「국세청」으로, 기업 비리를 제보하고
싶다면 기업 이름으로 기사를 검색하여 해당 기자를 찾으면 된다.

또는 언론사마다 갖고 있는 제보 시스템, 이를테면 전화나 이메일을
활용하면 된다. 요즘은 카카오톡 같은 메신저로도 제보할 수 있다.

내용이 길고 복잡할 경우에는 차분히 정리한 내용을 이메일로
작성한 후 보내면 더 좋다. 기자들의 경우 하루 수십 통의 이메일을
받지만 대부분 보도자료이고 제보 이메일은 흔치 않은 편이라고
하니 적극적으로 보내는 것이 좋다.

방송사, 신문사, 인터넷 매체까지 언론사는 무척이나 다양하기 때문에
원하는 매체를 골라 제보하면 된다. 가장 많은 기자가 소속된 단체인
한국기자협회에 속한 서울 지역 언론사만 70개나 된다.

알리는 방식

① 공통

② 언론 제보

알리는 방식으로서의 언론 제보

언론 제보 시 참고 사항

③ SNS 폭로

알리는 방식으로서의 SNS

SNS에서 고려해야 할 내용

2. 제보는 구체적인 사실 위주로 진행한다

제보 내용은 최대한 구체적일수록 좋다. 기자의 직업 특성상 육하원칙 즉 언제, 어디서, 누구와, 어떤 일을, 왜, 어떻게 했는지 등을 구체적으로 써주면 전달력이 커진다. 되도록 감정적인 서술은 빼고 전달하는 게 좋다.

당연하겠지만 사실만 제보해야 한다. 언론사에는 하루에 많게는 수십 통의 거짓 제보나 제보자에게 유리한 내용만 발췌한 제보도 온다고 한다. 유불리 여부를 떠나 객관적인 사실을 전달해야 알려질 가능성이 높아진다.

자신에게 어떤 일이 있었는지 꼼꼼히 되짚어보고 내용을 서술해야 서로 도움이 될 수 있다. 여기에 동영상, 사진, 녹취, 문서 등 제보의 객관성을 입증할 수 있는 자료가 있으면 더 좋다.

알리는 방식

① 공통

② 언론 제보

　　알리는 방식으로서의 언론 제보

　　언론 제보 시 참고 사항

③ **SNS 폭로**

　　알리는 방식으로서의 SNS

　　SNS에서 고려해야 할 내용

인터넷 이용자 중 60% 이상이 접속하는 공간
즉각적이고 폭발적인 반응을 일으킬 수 있는 수단

소셜 네트워크 서비스(SNS)는 사용자 간의 자유로운 의사소통과
정보 공유, 그리고 인맥 확대 등을 통해 사회적 관계를 생성하고
강화해주는 온라인 플랫폼을 의미한다.

SNS는 불특정 다수와 네트워크를 형성하는 트위터, 페이스북 등
개방형 SNS와 지인들 위주로 네트워크를 형성하는 밴드, 미니홈피,
카카오스토리 등의 폐쇄형 SNS로 분류할 수 있다.
사실 알리는 일에 있어서 SNS 종류는 고려 사항이 아니다.

알리는 수단으로서 SNS는 언론 보도에 비해 작성하기가 쉽고,
그 효과를 빨리 얻을 수 있다는 점에서 뛰어나다. SNS 사용자 본인이
글을 쓰거나 음성 녹음 파일, 혹은 촬영한 영상을 통해
더 큰 효과를 얻기도 한다.

폭로가 사람들에게 관심을 받으면 언론에 의해 기사화되기도 한다.
○○ 유업 갑질 사건, 체육 교사 성추행 사건 등이 대표적인 기사화
사례로 꼽힌다.

SNS는 사용하기 쉬운 만큼 조심해야 하는 수단이다. 알리는
과정에서 주의해야 할 사항을 미리 알아두는 것이 중요하다.

알리는 방식

① 공통
② 언론 제보
　알리는 방식으로서의 언론 제보
　언론 제보 시 참고 사항
③ **SNS 폭로**
　알리는 방식으로서의 SNS
　SNS에서 고려해야 할 내용

SNS 폭로는 파급력만큼 후폭풍도 강하다
행위의 목적을 생각하면서 조심스럽게 진행해야 한다

한 변호사는 SNS 폭로가 권장할 만한 사안이 아니라고 밝혔다. 온라인상의 명예훼손은 일반 명예훼손보다 훨씬 위중하게 다루며 이미 피해를 입었다면 법적 분쟁에 휘말릴 가능성도 크다. 때문에 먼저 언론이 취재하는 방식 등 우회적으로 발산하는 방법을 고민하는 것이 더 안전하다.

가해자의 이름을 명시해서 SNS에 피해 사실을 폭로하는 일은 공익 목적이 있거나 국민의 알 권리에 부합하는 등의 목적이 인정되지 않는 한 별개의 범죄 행위다. 또한 재판에서 사실관계를 규명할 때 판사로 하여금 자칫 예단하게 만들 수도 있다. 양형 등을 판단할 때 가해자가 피해자의 폭로로 입은 피해도 감안될 가능성이 높다.

「~에 대한 사과를 요구합니다」와 같은, 당사자 한 명에게 전달하는 글을 인터넷상에 올리는 것은 부정할 수 없는 범죄행위에 해당되어 형사처벌까지 받을 수 있으므로 더욱 지양해야 한다.

언론 제보와 달리 SNS 게재는 타인의 필터링을 거치지 않는다는 점에서 위험하다. 사람의 경험은 감정적으로 기억된다. 순간의 기억으로 곧바로 글을 쓰면 채선당 사건˚, 240번 버스 사건˚˚처럼 다른 피해자를 낳을 수 있다.

알아두면 좋은 사실

언론 제보 채널
도움을 주는 기관
관련 법규

언론 제보 채널

① 뉴스 제보 채널
② 신문 제보 채널
③ 기타 제보 채널

TV 뉴스, 신문, 인터넷 언론 매체에서 대안 언론까지
일반인이 제보할 수 있는 채널 모음

언론 제보 채널

① 뉴스 제보 채널
② 신문 제보 채널
③ 기타 제보 채널

일반인이 가장 손쉽게 접근할 수 있으며
녹취, 녹화 등 미디어 자료를 활용할 수 있는 채널

〈JTBC 뉴스〉
· 메일 jebo@jtbc.co.kr
· 전화 02-751-6000
· 카톡 플러스친구 「JTBC뉴스」
· 홈페이지 제보 가능

〈YTN〉
· 메일 8585@ytn.co.kr
· 전화 02-398-8282, 8585
　　　 또는 1636 누른후 「뉴스제보」
· YTN 어플에서 제보
· 카톡 플러스친구 「YTN제보」

〈연합뉴스〉
· 메일 jebo@yna.co.kr
· 전화 02-398-3000
· 카톡 플러스친구 「연합뉴스」

〈SBS 뉴스〉
· 메일 sbs8news@sbs.co.kr
· 전화 02-2113-6000
· SBS 뉴스 어플에서 제보
· 카톡 플러스친구 「SBS뉴스」

〈KBS 뉴스〉
· 메일 kbs1234@kbs.co.kr
· 전화 02-781-1234, 4444~6
· KBS 뉴스 어플에서 제보
· 카톡 플러스친구 「KBS뉴스」

〈MBC 뉴스〉
· 메일 mbcjb@hanmail.net
· 전화 02-784-4000
· MBC 뉴스 어플에서 제보
· 카톡 플러스친구 「MBC뉴스」
· 홈페이지 제보 가능

〈MBN 뉴스〉
· 메일 mbn@mbn.co.kr
· 전화 02-2000-3030
· 문자 #5900
· MBN 뉴스 어플에서 제보
· 홈페이지 제보 가능

〈TV조선 뉴스〉
· 메일 tvchosun@chosun.com
· 전화 02-2180-1000
· 문자 #2180
· 페이스북, 트위터 제보 가능
· 홈페이지 제보 가능
· 카톡 플러스친구 「TV 조선제보」

〈채널A 뉴스〉
· 메일 chabodo@donga.com
· 전화 02-2020-3000
· 카톡 플러스친구 「채널A 미디어텍」

언론 제보 채널

① 뉴스 제보 채널
② **신문 제보 채널**
③ 기타 제보 채널

언론 매체 중 가장 많은 종류를 자랑,
인터넷을 통해 빠르게 확산될 수 있는 채널

〈경향신문〉
· 메일 opinion@kyunghyang.com
· 전화 02-3701-1202~4
· 팩스 02-739-2472
· 방문 서울시 중구 정동 22번지
　　　 경향신문 여론독자부
· 홈페이지 제보 가능

〈한겨레〉
· 전화 1566-9595
· 카톡 플러스친구「한겨레」
· 홈페이지 제보 가능

〈세계일보〉
· 메일 mobile@segye.com
· 전화 2000-1175
· 페이스북 페이지 제보 가능
· 홈페이지 제보 가능

〈한국일보〉
· 메일 hankook@hankookilbo.com
· 전화 02-724-2312~4
· 홈페이지 제보 가능

〈조선일보〉
· 메일 opinion@chosun.com
· 문자 #2180(MMS 메시지)
· 홈페이지 제보 가능

〈매일경제〉
· 메일 opinion@mk.co.kr
· 전화 02-2000-2270
· 팩스 02-2000-2276

〈중앙일보〉
· 전화 02-751-5114
· 홈페이지 제보 가능

〈동아일보〉
· 전화 02-2020-0114
· 홈페이지 제보 가능

〈문화일보〉
· 전화 02-3701-5135
· 홈페이지 제보 가능

〈국민일보〉
· 전화 02-781-9114
· 홈페이지 제보 가능

언론 제보 채널

① 뉴스 제보 채널
② 신문 제보 채널
③ 기타 제보 채널

언론 매체 중 가장 많은 종류를 자랑,
인터넷을 통해 빠르게 확산될 수 있는 채널

〈미디어오늘〉
· 메일 news@mediatoday.co.kr
· 전화 02-2644-9944 (내선 100)

〈전자신문〉
· 메일 gv@etnews.co.kr.
· 전화 02-857-0114

〈서울신문〉
· 전화 02-2000-9000
· 홈페이지 제보 가능

〈뉴시스〉
· 전화 02-721-7422
· 홈페이지 제보 가능

〈위클리오늘〉
· 전화 02-323-8890
· 홈페이지 제보 가능

〈The Korea Times〉
· 메일 webmaster@times.co.kr
· 전화 02-724-2343

〈뉴데일리〉
· 메일 press@newdaily.co.kr
· 전화 02-6919-7000
· 홈페이지 제보 가능

〈노컷뉴스〉
· 카톡 플러스친구 「노컷뉴스」
· 전화 02-2650-7000
· 홈페이지 제보 가능

〈블로터닷넷〉
· 메일 bloter@bloter.net
· 전화 02-3143-6401
· 팩스 02-3143-6470

〈한국경제〉
· 전화 02-360-4114
· 홈페이지 제보 가능

〈프레시안〉
· 전화 02-722-8494
· 카톡 플러스친구 「프레시안」
· 홈페이지 제보 가능

〈머니투데이〉
· 전화 02-724-7700
· 홈페이지 제보 가능

〈오마이뉴스〉
· 전화 02-733-5505
· 카톡 플러스친구 「오마이뉴스」
· 홈페이지 제보 가능

언론 제보 채널

① 뉴스 제보 채널

② 신문 제보 채널

③ 기타 제보 채널

독립언론, 시사주간지 등 기타 언론

〈뉴스타파〉
· 메일 report@newstapa.org
· 전화 02-2038-8029
· 카톡 플러스친구 「뉴스타파」

〈고발뉴스〉
· 전화 02-325-0769
· 홈페이지 제보 가능

〈시민방송〉
· 전화 02-6384-0001, 3~5
· 홈페이지 제보 가능

〈딴지일보〉
· 메일 ddanzi.master@gmail.com

〈시사인〉
· 전화 02-3700-3200
· 홈페이지 제보 가능

도움을 주는 기관

① 법률자문기관
대한법률구조공단
법률홈닥터
대한변협법률구조재단
민주사회를 위한 변호사 모임
② 국가기관
국가인권위원회
국민권익위원회
여성가족부
③ 분야별 시민단체
한국여성의전화
한국여성민우회
군인권센터
언론인권센터
직장갑질119

알리는 과정에서 발생할 수 있는 법적 분쟁 및
그 외 여러 방향에서 도움을 받을 수 있는 기관·단체

도움을 주는 기관

① **법률자문기관**

대한법률구조공단

법률홈닥터

대한변협법률구조재단

민주사회를 위한 변호사 모임

② 국가기관

국가인권위원회

국민권익위원회

여성가족부

③ 분야별 시민단체

한국여성의전화

한국여성민우회

군인권센터

언론인권센터

직장갑질119

◆ 전화법률상담 132 / 홈페이지 예약 후 방문상담 가능

사이버법률상담 http://www.klac.or.kr → 사이버 상담실

알리기 전에
알면 좋은 사실들

간단한 법률상담은 물론 경우에 따라 소송대리, 형사변호, 기타 다양한 법적 도움을 받을 수 있는 기관

변호사 수임을 할 수 없는 사람을 돕는 공공기관.

법률구조법 제 1조
이 법은 경제적으로 어렵거나 법을 몰라서 법의 보호를 충분히 받지 못하는
자에게 법률구조를 함으로써 기본적 인권을 옹호하고 나아가 법률 복지를
증진하는 데 이바지함을 목적으로 한다.

대한법률구조공단은 법률구조, 법률상담, 민·가사 사건의 대리,
행정심판의 대리, 헌법소원의 대리, 형사변호, 성폭력·아동폭력
피해자의 국선변호, 보호사건을 보조하는 공공기관이다.
변호사를 선임할 경제적 능력을 갖추지 못한 국민들에게 무료로
다양한 법률서비스를 제공한다.

형사 법률구조는 중위소득 125% 이하에 해당되면 아예 무료이다.
승소 가능성이 없거나, 구조 타당성이 없다고 판단되는 경우에는
법률구조를 받을 수 없다.

법률상담의 경우 법률관계를 설명해 주고 법적 구제수단을
알려주는 방식으로 이뤄진다. 상담한 의뢰자가 구조 대상자에도
해당하고 변호사가 도와 줄 수 있는 사건의 경우에는 소송대리,
형사변호 등 다양한 방면에서 법적 도움을 받을 수 있다.

상담의 경우 사건을 요약, 정리 후 관련 문서를 지참하면 수월하다.

도움을 주는 기관

① 법률자문기관

대한법률구조공단

법률홈닥터

대한변협법률구조재단

민주사회를 위한 변호사 모임

② 국가기관

국가인권위원회

국민권익위원회

여성가족부

③ 분야별 시민단체

한국여성의전화

한국여성민우회

군인권센터

언론인권센터

직장갑질119

◆ 평일 9시부터 18시까지 법률홈닥터가 배치된 기관에 예약 후 방문

상담전화 02-2110-3743, 3868, 3853

가까운 지방자치단체에서 변호사를 만나 각종 법률상담 및 법률자문 도움을 얻을 수 있도록 하는 기관

서민들이 쉽게 접근할 수 있도록 만든 공익변호기관.

지방자치단체, 사회복지기관 등을 거점으로 변호사 자격자를
「법률주치의」로 두고 서민들의 접근성을 강화하여 1차 무료
법률서비스(법률상담, 정보제공, 법 교육, 소송구조알선, 법률문서 작성
등 소송수임 없이 제공할 수 있는 법률 서비스)를 전담하는
공익변호사를 말한다. 법률자문과 법 교육이 주요 업무이며,
필요할 경우 지자체 등의 사회복지망과 연계하여 취약계층의 법률문제
전반에 대한 종합적인 해결방안 마련을 지원한다.

현재 전국 60개 지역의 시청, 구청, 사회복지협의회에 전문적인
법률홈닥터 60명이 배치되어 있으며 법률상담, 법 교육, 법률문서 작성,
조력기관 연계 등 무료법률서비스를 제공하고 있다.

채권·채무, 임대차, 이혼·친권·양육권, 상속·유언, 손해배상,
임금 및 근로관계, 개인회생·파산 등 생활법률 전반에 대한 도움을
받을 수 있지만 소송 수행은 법률홈닥터의 업무 범위가 아니다.

읍, 면, 동 단위의 마을변호사 서비스도 동시에 진행하고 있다.

도움을 주는 기관

① **법률자문기관**
   대한법률구조공단
   법률홈닥터
   대한변협법률구조재단
   민주사회를 위한 변호사 모임
② 국가기관
   국가인권위원회
   국민권익위원회
   여성가족부
③ 분야별 시민단체
   한국여성의전화
   한국여성민우회
   군인권센터
   언론인권센터
   직장갑질119

◆ 전화 02-3476-6515, 서울 강남구 테헤란로 124 풍림빌딩 14층

알리기 전에
알면 좋은 사실들

경제적·사회적 소외계층에 무료로 법률상담, 법률구조를 진행하는 변호사협회 소속 법률구조재단

대한변호사협회 소속으로 무료법률상담을 실시하며 변호 및 소송 진행을 돕는 법률구조재단.

2003년 대한변호사협회의 주도로 설립되었다.
국민기초생활 보장법상 보호대상자, 고령자, 미성년자, 장애인, 외국인근로자, 다문화가정, 북한이탈주민, 난민, 성폭력 피해자 등 경제적 사회적 소외계층을 구조 대상으로 하여 이들이 빈곤·무지 등으로 법률상 보호받을 권리를 침해받지 않게 법률구조사업을 진행하고 있다.

연간 1,500건 이상의 소송구조로 대표되는 활동은 민사, 형사, 가사, 행정, 헌법소원 등 재단이 법률적 구조가 필요하다고 판단하는 모든 사건에 대한 법률구조를 수행한다.

소송비용은 재단에서 비용상환 혹은 면제 여부를 결정한다. 이때, 수행 변호사가 소송비용상환면제결정신청서를 통해 신청인의 면제사유를 작성하여 재단에 제출, 면제결정에 도움을 줄 수 있다.

대한변협법률구조재단 홈페이지를 통해 법률구조를 요청할 수 있으며, 강남에 위치한 사무실을 방문할 수도 있다.

도움을 주는 기관

① **법률자문기관**
　대한법률구조공단
　법률홈닥터
　대한변협법률구조재단
　민주사회를 위한 변호사 모임
② 국가기관
　국가인권위원회
　국민권익위원회
　여성가족부
③ 분야별 시민단체
　한국여성의전화
　한국여성민우회
　군인권센터
　언론인권센터
　직장갑질119

◆ 전화 02-522-7284, 서울특별시 서초구 법원로4길 23(서초동, 양지빌딩) 2층

알리기 전에
알면 좋은 사실들

다양한 분야에서 국가 및 기업에 대항해 일반인의 법률구조 활동을 돕는 변호사 집단

국가에 대한 소송을 중심으로 변호 활동을 전개하는 변호사 모임.

민변은 대한민국의 인권 운동에 그 기초를 두고 있다. 1970년대 전부터 유신시대의 시국사건 변론까지 긴 역사를 지녔다.

민변 변호사들은 1986년 5월 19일 정의실현 법조인회(정법회)를 결성했다. 이후 박종철 고문치사사건과 민주항쟁에 뛰어들면서 소속원이 구속되기도 했다. 현재 변론팀, 회원팀, 출판홍보팀, 교육팀, 대외협력팀, 총무재정팀을 사무처로 두고 있다.

각 분야의 전문성을 제고하기 위해 미군 문제, 통일, 여성인권, 환경, 노동, 언론, 사법, 과거사청산, 민생경제, 교육 청소년, 국제연대, 소수자인권, 외교통상 등의 위원회를 운영하고 있다.

현대차 비정규직을 정규직으로 전환하라는 판결, 야간집회를 원칙적으로 금지하는 법이 위헌이라는 판결 등 대기업·국가와의 법률 싸움에서 주로 활약한다. 단체로서의 민변보다는 민변에 소속된 변호사들이 주로 일반인의 법률구조 활동 진행을 돕는다.

도움을 주는 기관

① 법률자문기관
　　대한법률구조공단
　　법률홈닥터
　　대한변협법률구조재단
　　민주사회를 위한 변호사 모임
② **국가기관**
　　국가인권위원회
　　국민권익위원회
　　여성가족부
③ 분야별 시민단체
　　한국여성의전화
　　한국여성민우회
　　군인권센터
　　언론인권센터
　　직장갑질119

◆ 인권상담: 평일 9시부터 18시까지 상담전화　1331
　　방문상담: 평일 9시부터 18시까지 국가인권위원회 인권상담센터 11층
　　(점심시간 12시부터 13시)
◆ 사이트에서 분야별 전문상담 예약 가능

법률, 노동, 성폭력 등 다양한 인권 문제를 상담해주는 인권 보호 전문 국가기관

인권의 보호와 향상을 위한 업무를 수행하는 대한민국 국가기관.

모든 개인이 가지는 불가침의 기본적 인권을 보호·증진하여 인간으로서의 존엄과 가치를 구현하고 민주적 기본질서 확립을 위한 인권 전담 국가기관이다.

인권에 관한 법령(입법 과정이 진행 중인 법령안을 포함한다)·제도·정책·관행의 조사와 연구 및 그 개선이 필요한 사항에 관한 권고 또는 의견의 표명, 인권침해행위에 대한 조사와 구제, 인권침해의 판단 기준 및 그 예방 조치 등에 관한 지침의 제시 및 권고, 차별행위에 대한 조사와 구제, 인권상황에 대한 실태 조사, 인권에 관한 교육 및 홍보, 국제인권조약 가입 및 그 조약의 이행에 관한 연구와 권고 또는 의견의 표명, 인권의 옹호와 신장을 위하여 활동하는 단체 및 개인과의 협력, 인권과 관련된 국제기구 및 외국 인권기구와의 교류·협력, 그 밖에 인권의 보장과 향상을 위하여 필요하다고 인정하는 사항, 인권상담, 진정, 민원까지 다양한 업무를 진행한다.

현행법상 뚜렷한 권력은 가지고 있지 않아 강제력은 떨어지지만 다양한 분야의 상담전문가를 통해 도움을 받을 수 있다. 현재 국가인권위원회 상담센터에서는 법률, 노동, 성폭력, 군 문제, 정신보건 등의 전문가와 상담을 진행할 수 있다.

도움을 주는 기관

① 법률자문기관
   대한법률구조공단
   법률홈닥터
   대한변협법률구조재단
   민주사회를 위한 변호사 모임
② **국가기관**
   국가인권위원회
   국민권익위원회
   여성가족부
③ 분야별 시민단체
   한국여성의전화
   한국여성민우회
   군인권센터
   언론인권센터
   직장갑질119

◆ 전화상담: 평일 9시부터 18시까지 상담전화 110
   방문민원: 평일 9시부터 18시까지 세종시 국민권익위원회 방문 가능
   (점심시간 12시부터 13시)
◆ 국민권익위원회 사이트에서 고충민원 신청 가능

알리기 전에
알면 좋은 사실들

세무사, 노무사 등과 생활법률 상담을 진행할 수 있는 생활 고충민원 전문 국가기관

고충민원의 처리와 불합리한 행정제도를 개선하고 부패행위를 효율적으로 규제하는 대한민국 중앙행정기관.

국민권익위원회는 국민고충처리위원회, 국가청렴위원회를 통합하여 발족한 기관이다. 국민의 권리보호·권익구제 및 부패방지를 위한 정책의 수립 및 시행을 담당한다.

고충민원을 유발하는 관련 행정제도 및 그 제도의 운영에 개선이 필요하다고 판단되는 경우 이에 대한 권고 또는 의견표명, 부패행위 신고 안내·상담 및 접수, 신고자의 보호 및 보상 등 주로 국가와 관련된 사안을 처리한다.

공무원에게서 부당한 대우를 받거나 민원시스템 처리가 불합리 하다고 여겨질 때 국민권익위원회로부터 도움을 받을 수 있다.

세종특별자치시에 위치하고 있어 방문 접수는 어려울 수 있으나 국가인권위원회와 마찬가지로 전문 상담센터를 따로 운영하고 있다.

변호사, 공인노무사 등 전문가의 상담이 필요하면 서울시와 세종시에 있는 종합민원상담센터를 방문해 무료로 생활법률 상담 서비스를 받을 수 있다. 서울시 상담센터의 경우 매일 변호사가 상주하며 화·목요일 오후에는 세무사가, 수·금요일 오후에는 노무사가 상주한다.

도움을 주는 기관

① 법률자문기관
   대한법률구조공단
   법률홈닥터
   대한변협법률구조재단
   민주사회를 위한 변호사 모임
② **국가기관**
   국가인권위원회
   국민권익위원회
   여성가족부
③ 분야별 시민단체
   한국여성의전화
   한국여성민우회
   군인권센터
   언론인권센터
   직장갑질119

◆ 여성폭력상담: 지역번호+1366 (24시간 상담 가능)
   해바라기센터 3672-0365 (24시간 상담 가능)

알리기 전에
알면 좋은 사실들

여성, 아동폭력 피해자의 생활을 지원하는
중앙 행정 기관

대한민국의 여성 지원 전문 정부기관.

성폭력 피해자, 가정폭력 피해자에게 상담, 의료, 법률, 보호 등
서비스 제공을 통해 사회로의 복귀를 지원한다. 그 과정에서 무료
법률서비스 및 수사, 심리치료 지원서비스를 동반한다.

산하기관인 해바라기센터(성폭력피해자통합지원센터)는 성폭력 ·
가정폭력·성매매 피해자 및 그 가족에 대하여 상담, 의료, 법률, 수사,
심리치료 지원서비스를 통합적으로 제공하는 기관이다.

성폭력 행위 발생 시 증거 채취를 위한 응급키트 조치, 산부인과 ·
정신건강의학과·응급의학과 등 다양한 진료과목에 대한 전문의
진료(외상 및 후유증 치료, 성병감염 여부 등 검사), 피해자 진료 및
진단서 발급까지 의료상 발생할 수 있는 문제를 다각적으로 돕는다.

수사 및 소송절차 정보제공, 피해자 진술서 작성, 진술녹화 실시,
무료법률지원사업, 국선변호사 연계 등의 도움을 얻을 수 있다.

사후 피해자 가족에 대한 상담 및 성폭력으로 인한 외상 후
스트레스 장애(PTSD) 등 심리적 후유증을 치유하기 위해
정신건강의학과 진료, 심리평가 및 심리치료를 지원하기도 한다.

24시간 열려 있는 전화 및 홈페이지를 통해 상담을 할 수 있다.

도움을 주는 기관

① 법률자문기관
    대한법률구조공단
    법률홈닥터
    대한변협법률구조재단
    민주사회를 위한 변호사 모임
② 국가기관
    국가인권위원회
    국민권익위원회
    여성가족부
③ **분야별 시민단체**
    한국여성의전화
    한국여성민우회
    군인권센터
    언론인권센터
    직장갑질119

◆ 가정폭력상담: 평일 10시부터 17시까지 상담전화 02-2263-6464
            (점심시간 13시부터 14시)

◆ 성폭력상담: 평일 10시부터 17시까지 상담전화 02-2263-6465
            (점심시간 13시부터 14시)

가정폭력 및 성폭력 상담을 전담하며
교육, 캠페인까지 다양한 분야에서 활동하는 단체

여성 문제를 다루는 대표적인 비정부기구.

대한민국 최초의 가정폭력, 성폭력 전문상담기관이다. 1983년,
한국기독교교회협의회가 운영하는 크리스천 아카데미를 수료한
여성운동가들이 남편으로부터 폭력 행위를 당한 여성들을 위해
상담 활동을 하면서 시작되었다.

2009년 여성의전화에서 한국여성의전화로 개편하였고
전국에 25개 지부를 두고 있다.

여성폭력추방운동, 평등평화마을만들기, 지역여성미디어운동,
결혼이주여성운동, 이혼여성운동, 여성의경제적권리확보운동,
교육사업, 국제연대 등의 활동을 해오고 있다.

여성폭력관련법 제정 촉구(스토킹처벌법, 가정폭력방지법 등),
가정폭력피해여성 자립 프로그램 운영 등 적극적인 활동을 한다.

가정폭력 및 성폭력에 대한 전화상담을 주로 진행한다. 매주
월요일에는 한국여성의전화 사무실에서 무료 법률상담을 받을
수 있다. 상담시간은 25분으로 정해져 있어 질문을 정리해서
방문하는 것이 좋다. 3일에서 10일 전에 예약해야 한다.

도움을 주는 기관

① 법률자문기관
   대한법률구조공단
   법률홈닥터
   대한변협법률구조재단
   민주사회를 위한 변호사 모임
② 국가기관
   국가인권위원회
   국민권익위원회
   여성가족부
③ 분야별 시민단체
   한국여성의전화
   한국여성민우회
   군인권센터
   언론인권센터
   직장갑질119

◆ 일고민상담: 월,수,금 10시부터 17시까지 상담전화 02-706-5050
          (점심시간 12시부터 13시)
          eq5050@womenlink.or.kr

◆ 성폭력상담: 10시부터 17시까지 상담전화 02-335-1858
          (점심시간 12시부터 13시)
          fc@womenlink.or.kr

직장 내 성차별 및 성폭력을 상담할 수 있는, 성적으로 평등한 민주사회를 지향하는 여성운동단체

대한민국의 여성 지원 단체.

1983년 한국의 민주화 운동에 참여한 여성 지식인을 중심으로 여성평우회가 결성되었으며 1987년 조직을 개편하여 현재의 여성민우회가 창립되었다. 전국에 지부를 두고 있으며 성폭력 피해 상담, 여성 권익 신장 등의 사업을 하고 있다.

여성민우회가 주도한 호주제 폐지 운동은 성공한 제도 개혁 사례로 평가받고 있다. 1998년 부모성 나란히 쓰기 운동을 시작으로 사회적 관심을 불러일으켜 2005년 국회의 의결을 통과하였다.

상담센터는 일고민상담실과 성폭력상담소의 두 곳으로 나뉜다.

일고민상담실은 모집 채용상의 성차별, 임금 승진상의 성차별, 직장내 성희롱, 폭언·폭행 등 직장내 성폭력, 산전후휴가 등 임신과 출산의 보호, 육아휴직 사용, 결혼·임신·출산을 이유로 한 부당한 퇴직 압력 등 성차별적 해고, 부당해고, 퇴직금 등 체불임금 등 여성노동자가 노동현장에서 겪는 문제를 해결하기 위한 정보를 제공하고, 직접적인 대응활동을 지원한다.

성폭력상담소는 강간, 데이트 폭력, 성희롱, 스토킹 등 여성들이 일상에서 겪는 성폭력에 대해 심리적 지원과 함께 법률 정보 제공, 재판동행, 의료비 지원, 보호시설 연계 등의 대응활동을 지원한다.

도움을 주는 기관

① 법률자문기관

　대한법률구조공단

　법률홈닥터

　대한변협법률구조재단

　민주사회를 위한 변호사 모임

② 국가기관

　국가인권위원회

　국민권익위원회

　여성가족부

③ 분야별 시민단체

　한국여성의전화

　한국여성민우회

　군인권센터

　언론인권센터

　직장갑질119

◆ 아미콜 평일 10시부터 21시까지 상담전화 02-733-7119

　(점심시간 12시부터 13시)

군대 내에서 발생하는 모든 인권침해와 차별에 대한 상담을 진행하고 문제를 제기하는 군인 전문 인권단체

군대 내 인권침해와 차별로부터 군인을 보호하는 시민단체.

대한민국 국군 부대 내부에서 인권침해 사건이 발생했을 때 당국의 발표에 문제가 있으면 그것을 지적하며 문제의 해결책을 제시하고 있는 단체. 성별과 계급, 신분과 무관하게 군인이면 누구나 인권을 보호해주기 때문에 당연히 여군의 인권 증진에도 기여한다.

2011년 뇌수막염으로 사망한 훈련병 사건을 폭로하였으며, 당시 이 사건이 알려지면서 군 당국은 입대하는 모든 훈련병에게 뇌수막염 예방접종을 실시하는 제도적 변화를 실현하여 사실상 장병 건강권을 한층 증진시키는 결과를 낳았다. 이를 계기로 군대 내 장병들의 진료권 문제의 제도적 변화를 위한 활동을 전개하고 있다.

2013년 15사단 부관참모에 의한 여군 성추행 자살 사건 피해자 유가족에 대한 법률 지원, 2014년 육군 22사단 총기 사건 유가족 지원, 2014년 육군 28사단 의무대 집단구타에 의한 사망 사건 폭로 및 유가족 법률지원 등 꾸준한 활동을 이어오고 있다.

군내 인권 문제를 다루는 상설 상담전화 아미콜을 운영하고 있다.

「군인은 복무와 관련된 고충사항을 군 외부에 해결해달라고 요청하지 못한다」는 군인복무규율이 있었지만 2016년 6월 30일 폐지되었으며 더 이상 아미콜을 이용해도 처벌받지 않는다.

도움을 주는 기관

① 법률자문기관
   대한법률구조공단
   법률홈닥터
   대한변협법률구조재단
   민주사회를 위한 변호사 모임
② 국가기관
   국가인권위원회
   국민권익위원회
   여성가족부
③ 분야별 시민단체
   한국여성의전화
   한국여성민우회
   군인권센터
   언론인권센터
   직장갑질119

◆ 전화상담: 평일 10시부터 18시까지 상담전화 02-591-2822

언론 보도로 피해를 입은 시민들의 권익을 옹호하는 문화체육관광부 산하 비영리 시민언론단체

언론의 취재 또는 보도에 의한 인권침해 구제 활동과 시민의 알 권리 보장을 위한 공개 청구운동, 언론 수용자 권익 확보를 위한 언론관계법 개정운동 등을 전개하는 시민단체.

사단법인 언론인권센터가 운영하고 있는 한국언론피해상담소는 2004년 11월 15일 개소한 이래 억울한 보도 피해자들에게 명예훼손·프라이버시권 침해·초상권 침해·성명권 침해·저작권 침해 등 인격권 침해 전반에 대한 무료 법률상담 및 필요시 민·형사상 소송대행 또는 소송구조를 통한 종합 법률서비스를 제공해오고 있다.

한국언론피해상담소에서는 언론 보도로 인한 피해 구제 방법에 대한 상담을 전문 변호사에게 무료로 받을 수 있다.

도움을 주는 기관

① 법률자문기관
　대한법률구조공단
　법률홈닥터
　대한변협법률구조재단
　민주사회를 위한 변호사 모임
② 국가기관
　국가인권위원회
　국민권익위원회
　여성가족부
③ 분야별 시민단체
　한국여성의전화
　한국여성민우회
　군인권센터
　언론인권센터
　직장갑질119

◆ 카톡상담: 평일 10시부터 22시까지 카카오톡 오픈채팅방 「직장갑질119」

알리기 전에
알면 좋은 사실들

직장에서 겪는 다방면의 갑질을 익명 채널로 상담하고 문제를 제기해주는 직장 전문 시민단체

노동건강연대, 민변, 비정규직없는세상만들기, 노동법률단체 등이 함께 만든 갑질 방지 공익단체.

직장에서 겪은 부당한 대우와 갑질을 고발하고, 부당한 갑질과 관행을 바꾸기 위해 노력하는 단체다. 2017년 11월 1일 노동전문가, 법률스태프 등 241명이 참여해 출범했다.

카카오톡 오픈채팅방을 통해 직장 내 갑질 관련 피해자의 제보를 받는다. 제보와 상담은 익명으로 진행된다. 노무사, 변호사, 노동전문가들이 돌아가면서 상담을 진행한다. 단체 소속 전문가들은 상담자가 원할 경우 언론 제보와 소송도 돕는다.

고질적으로 갑질이 발생하는 몇몇 업계를 위해 온라인 모임을 만들기도 했다. 현재 병원 계열, 어린이집 계열, 방송 계열 등 다섯 개의 모임이 열렸다.

카카오톡 오픈채팅에서 직장갑질119를 검색하거나 인터넷 주소 gabjil119.com를 통해 오픈채팅방에 입장하면 편하게 도움을 받을 수 있다. 상담은 오전 10시부터 오후 10시까지 가능하다.

관련 법규

① 명예훼손

형법 제307조 명예훼손

형법 제309조 출판물 등에 의한 명예훼손

형법 제310조 위법성의 조각

정보통신망법 제70조

② 모욕

형법 제311조 모욕

알림에 동반되는 대표적인 법적 분쟁 요소

조심해야 할 사항과 그렇지 않은 사항

관련 법규

① 명예훼손

형법 제307조 명예훼손

형법 제309조 출판물 등에 의한 명예훼손

형법 제310조 위법성의 조각

정보통신망법 제70조

② 모욕

형법 제311조 모욕

◆ 조각(阻却): 성립하지 아니함, 해당하지 아니함.

명예훼손, 출판물에 의한 명예훼손, 사이버 명예훼손 그리고 명예훼손에서 제외되는 위법성 조각◆

타인의 명예를 훼손한 자는 그에 상응하는 법적 책임을 져야 한다. 한국에서는 민사상 책임뿐만 아니라 형사상 책임도 진다. 대한민국 형법은 허위 사실 적시에 의한 명예훼손뿐만 아니라 진실인 사실의 적시에 의한 명예훼손도 처벌하고 있다.

또한 온라인에서 비방 목적으로 타인의 명예를 훼손한 경우 정보통신망법상 명예훼손죄로 가중처벌을 받게 된다.

형법 제310조에 따르면 공익을 달성할 목적으로 진실을 적시해서 상대방의 명예를 훼손한 경우엔 위법성과 공익성을 저울질해서 공익성이 더 크다면 위법하지 않은 명예훼손이 된다. 이런 경우엔 명예훼손으로 고소당해도 처벌받지 않는다.

책에서는 307조, 309조, 310조 등 법규에 대한 내용을 다뤄 알리는 상황에서 명예훼손 관련 법을 고려했을 때 어떻게 행동하면 좋은지 자세히 들여다보고자 한다.

관련 법규

① **명예훼손**

형법 제307조 명예훼손

형법 제309조 출판물 등에 의한 명예훼손

형법 제310조 위법성의 조각

정보통신망법 제70조

② 모욕

형법 제311조 모욕

◆ 적시하다: 사실을 지적하여 보이다.
◆ 공연성: 불특정 다수가 인식 가능한 상태.

공개적인 곳에서 대상을 특정하여 사실을 적시*해 특정인의 명예를 훼손하는 죄

① 공연히 사실을 적시하여 사람의 명예를 훼손한 자는 2년 이하의 징역이나 금고 또는 500만원 이하의 벌금에 처한다. <개정 1995.12.29>

② 공연히 허위의 사실을 적시하여 사람의 명예를 훼손한 자는 5년 이하의 징역, 10년 이하의 자격정지 또는 1천만원 이하의 벌금에 처한다. <개정 1995.12.29>

주체, 객체, 명예의 의의, 명예의 주체, 행위, 공연성,* 사실(혹은 허위), 명예를 훼손한 사실을 통해 죄가 구성된다.

명예훼손죄는 모욕죄와는 달리 사실의 적시가 있어야만 성립한다. 명예훼손죄에서 적시의 대상이 되는 사실이란 현실적으로 발생하고 증명할 수 있는 과거 또는 현재의 사실을 말한다.

명예훼손죄가 성립하려면 공연성이 성립해야 한다. 공연성이 성립되려면 기본적으로 사실을 여럿에게 전해야 한다. 둘이서 대화하는 경우 대화 상대가 불특정 다수에게 말을 전파할 가능성이 있다면 간혹 공연성이 인정되기도 한다.

실명을 언급하지 않더라도 사진, 이니셜, 기타 구체성이 드러나게 대상을 특정하는 경우 죄가 될 수 있으니 주의해야 한다.

관련 법규

① 명예훼손
　① 명예훼손
　　형법 제307조 명예훼손
　　형법 제309조 출판물 등에 의한 명예훼손
　　형법 제310조 위법성의 조각
　　정보통신망법 제70조
② 모욕
　형법 제311조 모욕

사람을 비방할 목적으로 신문·잡지 또는 라디오, 기타 출판물에 의하여 사람의 명예를 훼손하는 죄

① 사람을 비방할 목적으로 신문, 잡지 또는 라디오 등 기타 출판물에 의하여 제307조 제1항의 죄를 범한 자는 3년 이하의 징역이나 금고 또는 700만원 이하의 벌금에 처한다. <개정 1995.12.29>

② 제1항의 방법으로 제307조 제2항의 죄를 범한 자는 7년 이하의 징역, 10년 이하의 자격정지 또는 1천500만원 이하의 벌금에 처한다. <개정 1995.12.29>

사람을 비방할 목적으로 신문·잡지 또는 라디오, 기타 출판물에 의하여 사람의 명예를 훼손함으로써 성립한다.

제307조의 명예훼손죄에 대하여 행위 방법이 공연성 대신 전파성이 큰 매체(신문, 잡지, 라디오, 출판물)에 의해 명예가 훼손되기 때문에 일반적인 명예훼손보다 형이 가중된다.

간접적인 방법으로도 이뤄질 수 있다. 예를 들어 사실 여부를 모르는 기자에게 허위의 기삿거리를 제공하여 신문에 보도하게 만든 경우에도 죄가 성립된다. 이 같은 경우엔 한 사람에게만 얘기했어도 처벌받을 수 있다.

비방 목적이 없다면 출판물 명예훼손죄가 아닌 제307조의 일반적인 명예훼손죄에 해당돼 죄가 가중되지 않는다.

관련 법규

① **명예훼손**
형법 제307조 명예훼손
형법 제309조 출판물 등에 의한 명예훼손
형법 제310조 위법성의 조각
정보통신망법 제70조
② 모욕
형법 제311조 모욕

허위 사실을 적시해 성립한 명예훼손이 아닌 경우,
그 행위가 공익을 위한 것이라면 처벌하지 않을 수 있다

① 제307조 제1항의 행위가 진실한 사실로서 오로지 공공의 이익에 관한 때에는 처벌하지 아니한다.

공익을 달성할 목적으로 진실을 적시해 상대방의 명예를 훼손한 경우엔 위법성과 공익성을 저울질해서 공익성이 더 크다면 위법하지 않은 명예훼손이 성립한다. 이를 「위법성이 조각된다」고 표현한다.

공공의 이익이란 국가, 사회 등 보편적인 일반 다수에 대한 것만을 뜻하지는 않는다. 이 경우 특정 사회집단 혹은 그 구성원 개개인의 이익에 관한 것도 포함된다.

먼저 객관적으로는 적시된 사실이 공공의 이익에 관한 것임을 증명해야 한다. 공적인 생활뿐만 아니라 사적 행동일지라도 그것이 공공의 이익과 관련된다면 해당될 수 있다. 개인의 사적인 생활이나 신상도 그의 사회적 활동에 대한 비판 혹은 평가 자료가 될 수 있기 때문이다.

오로지 공공의 이익에 관한 것일 때만이라고 규정하고 있지만 그것이 꼭 유일한 동기일 필요는 없다. 공익성이 알림의 주된 이유면 충분하다.

사람을 비방할 목적이 있어야만 죄가 성립하는 출판물 등에 의한 명예훼손 및 사이버 명예훼손의 경우에는 적용되지 않는다.

관련 법규

① **명예훼손**

형법 제307조 명예훼손

형법 제309조 출판물 등에 의한 명예훼손

형법 제310조 위법성의 조각

정보통신망법 제70조

② 모욕

형법 제311조 모욕

사람을 비방할 목적으로 인터넷 공간에서 사실 또는 허위 사실을 적시하는 죄

① 사람을 비방할 목적으로 정보통신망을 통하여 공연히 사실을 적시하여 타인의 명예를 훼손한 자는 3년 이하의 징역 또는 3천만원 이하의 벌금에 처한다. <개정 2014.5.28>

② 사람을 비방할 목적으로 정보통신망을 통하여 공연히 허위의 사실을 적시하여 타인의 명예를 훼손한 자는 7년 이하의 징역, 10년 이하의 자격정지 또는 5천만원 이하의 벌금에 처한다.

인터넷 공간에서 발생하는 명예훼손은 그 특성상 정보가 퍼지는 범위가 방대해 일반적인 명예훼손보다 더 강하게 처벌한다.

개인적으로 메일을 보내거나 특정 이용자만 열람할 수 있도록 내용을 올린 경우에는 공연성이 없다고 본다. 그러나 해당 메일의 수신자가 내용을 전파한 경우에는 함께 처벌받을 수 있다. 이는 제보를 목적으로 기자에게 메일을 보내는 경우도 해당한다.

출판물 명예훼손죄와 마찬가지로 기본적인 성립 조건 이외에 비방 목적이 있어야 이 죄가 성립한다. 비방 목적이 없다면 제307조 일반적인 명예훼손죄가 성립된다.

관련 법규

① 명예훼손
　형법 제307조 명예훼손
　형법 제309조 출판물 등에 의한 명예훼손
　형법 제310조 위법성의 조각
　정보통신망법 제70조
② **모욕**
　형법 제311조 모욕

객관적 사실 서술이 아닌, 추상적 판단이나 경멸적 감정의 표현으로 공연히 타인을 모욕하는 죄

① 공연히 사람을 모욕한 자는 1년 이하의 징역이나 금고 또는 200만원 이하의 벌금에 처한다. <개정 1995.12.29>

구체적 사실이 아닌 단순한 추상적 판단이나 경멸적 감정의 표현으로 특정한 사람의 사회적 평가를 저하시키는 죄를 일컫는다. 사실을 적시하여 발생하는 명예훼손과 내용상의 차이를 보인다.

공연성과 피해자 특정, 모욕으로 구성된다.

알릴 때 사실만을 서술하고 주관적인 표현이나 욕설을 쓰지 않는다면 모욕죄에 해당될 일은 없다고 봐도 무방하다.

이는 알리는 일을 진행할 때 객관적이고 구체적으로만 서술돼야 하는 다른 이유이기도 하다. 명예훼손과 달리 모욕죄는 기본적으로 형법 제310조에 따른 위법성 조각 규정의 대상이 아니기에 더 조심해야 한다. 공공의 이익을 목적으로 하더라도 그 표현 수위에 따라 죄가 성립할 수 있기 때문이다.

사례

명예훼손 관련
제보 관련

사례

① 명예훼손 관련
② 제보 관련

조심해야 할 것과 그렇지 않은 것을 구분할 수 있는
명예훼손 및 제보에 관한 사례 모음

사례

① 명예훼손 관련
② 제보 관련

「성희롱 당했다」는 내용을 SNS에 게재해 명예훼손 고소: 무혐의

「레스토랑 사장이 성희롱을 일삼았다」며 사회관계망서비스 (SNS)에 폭로했다가 고소당한 아르바이트생 6명이 검찰에서 증거 불충분으로 무혐의 처분을 받았다.

고소를 당한 아르바이트생 6명은 「레스토랑 사장으로부터 아르바이트 노동자 수십 명이 성희롱을 당했다」고 SNS에 폭로했다. 업체 사장은 이들을 정보통신망 이용촉진 및 정보보호 등에 관한 법률 (정보통신망법)상 명예훼손 혐의로 고소했다.

한 법조인은 「피해자들이 인터넷에 성희롱 사실을 올린 사실은 정보통신망법 제70조 소정의 명예훼손에 해당하는 것으로 보이나 공공의 이익에 관한 것으로 보아 비방의 목적이 없었기 때문에 검찰이 무혐의 처분했을 것」이라고 분석했다. 알바 노조 대변인은 「성희롱 문제를 제기했을 때 업주들이 고소·고발을 남발하는 일이 직장 내 성희롱 사건 폭로에 방해 요인이 되고 있다」고 지적했다.

사례

① 명예훼손 관련
② 제보 관련

불만 섞인 서비스 후기로 명예훼손 고소: 무죄

○○○ 씨는 산후조리원의 서비스에 불만을 가지고 8차례 이상 온수 보일러 고장, 산후조리실 소음 등 객관적인 사실에 근거해 다소 과장된 감정 언어를 섞어 후기를 올렸다. 해당 업체는 ○○○ 씨를 정보통신망 이용촉진 및 정보보호 등에 관한 법률 제70조 1항으로 고소했다.

법원은 「산후조리원에 대한 정보를 구하고자 하는 임산부의 의사결정에 도움이 되는 정보 및 의견 제공이라는 공공의 이익에 관한 것」이라며 무죄로 판결했다. 더 나은 산후조리원을 찾는 산모들에게 정보를 제공해주는 차원에서 작성된 글이기 때문에 위법성 조각 사유가 성립한다는 것이다.

판결문에서는 「국가는 건전한 소비행위를 위해 소비자보호운동을 보장해야 하며 소비자는 물품 또는 용역을 선택하는 데 필요한 지식 및 정보를 제공받을 권리, 사업자의 사업활동에 소비자의 의견을 반영시킬 권리가 있다」고 밝혔다.

재판부는 게시글에 막장 대응 등 다소 과장된 주관적 평가가 들어가기도 하였으나 인터넷 게시글에 적시된 주 내용이 객관적 사실에 부합하고 게시글이 산후조리원 정보를 검색하는 인터넷 사용자에 한해 노출되기 때문에 「도움이 되는 정보 및 의견 제공 차원의 게시글」이라고 설명했다.

사례

① 명예훼손 관련
② 제보 관련

양심선언으로 명예훼손 고소: 무죄

내부 비리에 대한 양심선언으로 고소당한 전 감사원 주사가
대법원으로부터 무죄 확정판결을 받았다.

감사원 주사 ○○○ 씨는 민주사회를 위한 변호사모임(민변)
사무실에서 「□□ 그룹이 권력 실세들과 결탁해 콘도를 건설하기
위해 건축허가를 불법적으로 받아냈고, 이에 진행하던 감사가 감사원
상부 지시로 중단되었다」는 사실을 양심선언했다. 이후
수사 결과 당시 청와대 부속실장이 수천만 원을 받은 사실이
드러나 큰 파장이 일었다.

그러나 내부 고발 주체인 ○○○ 씨는 오히려 19년 동안 일한
감사원에서 파면당했으며 감사 중단 지시자로 지목한 감사원 간부에
의해 명예훼손 혐의로 고소당했다.

대법원은 「○○○ 씨의 양심선언은 헌법상 독립적·중립적 기관인
감사원 기능을 공정하게 수행하도록 촉구하고, 공공의 이익을 위한
것으로 보기에 충분하다」는 이유로 무죄 확정판결을 내렸다.

사례

① 명예훼손 관련
② 제보 관련

대통령 로비스트 관련설 명예훼손 고소: 무죄

법원은 ○○○ 전 대통령의 명예를 훼손한 혐의로 기소된 정당인 □□□ 씨가 적시한 사실에 대해 「공공의 이익에 관한 것」이라며 그에게 무죄를 선고했다.

정당인 □□□ 씨는 「국회의원이었던 ○○○ 전 대통령과 저축은행 로비스트 △△△ 씨는 막역하게 만난 사이」라고 발언해 ○○○ 전 대통령의 명예를 훼손한 혐의로 불구속 기소됐다.

재판부는 「피고인의 발언 내용이 단정적이고 과장된 표현이 있다 해도 내용이 허위라는 걸 인식했다고 보기 어렵다. 피고인이 적시한 사실은 공공의 이익에 관한 것에도 해당한다」고 설명했다.

재판부는 「당시 저축은행 비리는 국민의 관심을 받고 있었고, 저축은행 로비스트 △△△ 씨가 정·관계 유력 인사들과의 친분을 활용해 구명 로비를 한 혐의로 수사와 재판이 진행되고 있었다」고 판결 이유를 덧붙였다.

사례

① 명예훼손 관련
② 제보 관련

알리기 전에
알면 좋은 사실들

내부 고발 환경미화원 명예훼손 고소: 유죄에서 무죄

충북의 한 폐기물 수집·운반업체에서 환경미화원으로 일하는
○○○ 씨 등 2명은 확성기로 「환경을 청결하게 유지해야 할 업체에서
불법으로 폐수를 무단으로 방류했고, 그것도 모자라
아예 통을 제작해 폐수 방류를 지시했다」고 주장했다.

업체 대표는 ○○○ 씨 등을 명예훼손으로 고소했다. 1심 재판부는
유죄를 인정해 이들에게 벌금 500만 원과 200만 원을 선고했다.

1심 재판부는 「피고인들의 주장은 허위 사실에 가깝다. 주장이
진실이라고 믿을 만한 상당한 이유가 있었다고도 볼 수 없는 만큼
허위 사실 적시에 의한 명예훼손이 성립한다」고 설명했다.

2심 재판부는 「검사가 제출한 증거들만으로는 피고인들이 허위
사실이라는 점을 인식했다고 인정하기 부족하다.
이들의 폭로는 공공 이익을 위한 행위로 위법성 조각 사유에
해당한다」고 판단해 1심을 뒤집고 무죄를 선고했다.

재판부는 「내부 고발은 조직 차원에서 보면 불복종, 일탈이지만
사회 전체로 보면 범죄 예방에 기여하는 옳은 행위다. 법원도 내부
고발 명예훼손 사건을 다룰 때에는 공익을 충분히 고려해 판결해야
한다」고 강조했다.

사례

① 명예훼손 관련
② 제보 관련

비난성 사설 게재로 모욕죄 고소: 무죄 → 유죄 → 무죄

한 언론사에서 「○○○ 의원의 발언은 언론인들 얼굴에 오물을 던진 격이다. 모략성 유언비어를 악용해 의원으로서의 정상적인 선을 넘었다」라는 사설로 ○○○ 의원을 비판했다.

○○○ 의원은 해당 사설에 대해 「사생활과 경력을 왜곡하는 등 모멸적 보도를 했다」며 고소했다. 1심 재판부는 「폭언이라는 다소 과장된 표현이 사용됐다고 하더라도 사설이 악의적인 의도로 ○○○ 의원을 모함하거나 모욕하기 위해 작성됐다고 단정하기는 어렵다」고 판단해 무죄를 선고했다.

그러나 2심 재판부는 「사설의 표현이 지나치게 경멸적이기 때문에 ○○○ 의원의 사회적 평가를 저하시키는 모욕 행위에 해당한다. 언론은 그 정신적 손해를 배상할 의무가 있다」며 벌금형을 내렸다.

대법원은 「해당 사설은 국회의원에 대한 비판과 견제의 대상으로 공익성이 있다」고 판단했다. 재판부는 「언론이 사설을 통해 공적인 존재에 대해 비판적인 의견을 내는 것은 본연의 기능에 속한다. 언론 본연의 기능이 함부로 위축되어서는 안 된다」고 설명했다.

사례

① 명예훼손 관련
② 제보 관련

SNS에 허위 사실 기재해 명예훼손 고소: 벌금형

자신의 남편에게 강제추행을 당한 피해자의 명예를 훼손하는
허위 글을 게시해 명예훼손으로 고소당한 ○○○ 씨는 재판에서
500만 원의 벌금형을 선고받았다.

○○○ 씨는 자신의 남편 □□□ 씨가 강제추행 혐의로 재판을 받던
중 「피해자 △△△ 씨가 돈을 노리고 남편을 음해하는 것이다」라는
취지의 글을 자신의 페이스북에 올린 혐의로 기소됐다.

재판부는 「피고인 ○○○이 게시한 글의 내용, 공개 범위, 실제
발생한 범죄 사실 등을 종합하면 명예훼손의 의도 및 공연성이
인정된다」고 벌금형 판결 이유를 밝혔다.

재판부는 「명예훼손의 정도가 약하지 않으며 피해자 △△△가
정신적 고통을 호소하며 처벌을 강력히 원하고 있다」고 덧붙였다.

사례

① 명예훼손 관련
② 제보 관련

허위 사실 포함한 호소문으로 명예훼손 고소: 벌금형

○○○ 씨 등은 한 산부인과 병원 맞은편에서 「산모가 입원 도중 출혈과 배 뭉침 등을 계속 호소했지만 치료받지 못했다」라는 호소문을 걸고 1인 시위를 벌여 해당 병원의 명예를 훼손한 혐의로 기소돼 벌금 100만 원을 선고받았다.

조사 결과 병원에서는 산모에게 자궁수축억제제와 항생제를 투여하고 초음파 검사를 하는 등 조산방지 치료를 한 것으로 밝혀졌다. 재판부는 「피고인들이 적시한 사실은 객관적 사실에 어긋나 허위라고 볼 수 있다」고 설명했다.

재판부는 「병원 측이 대화를 거부하며 무책임한 태도를 보여서 책임 있는 답변을 듣기 위해 명예훼손을 했더라도 그 수단·방법이 정당해 보이지 않는다. 또한 당시 상황이 긴급해 다른 수단이나 방법이 없었다고도 판단되지 않는다. 피고인들의 행위는 사회 통념상 허용될 수 있는 정당행위라고 여겨질 수 없다」고 덧붙였다.

사례

① 명예훼손 관련
② 제보 관련

난방 비리 폭로 중 허위 사실 유포로 고소: 벌금형

정보통신망 이용촉진 및 정보보호 등에 관한 법률상 명예훼손 혐의 등으로 기소된 ○○○ 씨의 상고심에서 대법원은 벌금형 150만 원을 선고한 원심 판결을 확정했다.

○○○ 씨는 자신의 SNS에 자신이 거주하는 아파트의 난방비 관련 비리를 폭로했다. 이 과정에서 ○○○ 씨는 「입주자대표 관계자들이 횡령을 저지르고 자신을 집단 폭행했다」는 허위 사실을 기재하여 이들의 명예를 훼손한 혐의로 기소됐다.

1, 2심 재판부는 「문제를 제기하는 과정에서 발생한 것으로 경위에 참작할 사정이 있지만 피해자에 대한 허위 사실을 SNS에 게재해 명예를 훼손한 죄질이 가볍지 않다」며 벌금형을 선고했다. 대법원도 이같은 원심이 옳다고 판단했다.

사례

① 명예훼손 관련

② 제보 관련

데이트 폭력 폭로로 명예훼손 고소: 선고유예, 무혐의

데이트 폭력 가해자로 지목된 두 진보 논객이 피해를 주장한 여성들을 고소했지만 법원은 선고유예·무혐의 판결을 내렸다.

한 여성이 진보 논객 ○○○ 씨와 교제하는 동안 데이트 폭력을 당했다는 글을 자신의 인터넷 블로그에 작성해 정보통신망 이용촉진 및 정보보호 등에 관한 법률 위반(명예훼손) 혐의로 고소당했다. 법원은 사실을 적시하는 글로 ○○○ 씨의 명예를 훼손한 사실은 인정했지만 해당 여성이 처벌을 받은 전력이 없는 이유 등으로 선고유예 판결을 내렸다. 선고유예는 가벼운 범죄에 대해 형 선고를 미룬 후 해당 기간이 지나면 없던 일로 해주는 판결이다.

다른 진보 논객 □□□ 씨에게 데이트 폭력을 당했다고 주장해 고소당한 다른 여성은 무혐의 처분을 받았다. 이 여성이 □□□ 씨의 데이트 폭력을 알리자 □□□ 씨는 의혹을 전면 부인하며 해당 여성을 명예훼손죄, 모욕죄 등으로 고소했다. 이에 검찰이 명예훼손 혐의는 무혐의 처분을, 모욕 혐의는 기소유예 처분을 내렸다.

사례

① 명예훼손 관련
② 제보 관련

기타 사례: 판례

새로 부임한 목사가 전임 목사의 불미스런 소문을 듣고 소문의
진위 여부를 성도에게 물어 그 대화가 성도들에게 퍼졌다고 해도
이는 명예훼손에 해당하지 않는다. 피고인이 교회의 목사로서
소문의 진위 확인을 위해 이를 교회 집사들에게 물어보는 일은
충분히 발생할 수 있는 일로서 명예훼손의 고의가 없는 단순한
확인에 지나지 않는다. 따라서 사실의 적시에 해당하지 않는다고
볼 수 있다. 피고인의 발설 경위 및 그 동기에 비추어 판단했을 때
명예훼손의 범위를 인정할 수 없고 또 사실 확인을 위한 단순한
질문이 상대방의 사회적 평가를 저하시키고자 행한 명예훼손의
사실 적시라고도 할 수 없다.
<대법원 1985.5.28. 선고 85도588>

조합 해임총회에서 해임총회 경위인 조합장의 비리와 불신임
경위를 설명하며 「쫓겨난 사람」이라고 말한 경우 명예훼손에
해당하지 않는다. 법원은 「그러한 발언은 명예훼손이 아닐
뿐더러 업무로 인한 행위이고 사회상규에 위배 되지 않는 행위」라고
판단했다.
<대법원 1990.4.27. 선고 89도1467>

사례

① 명예훼손 관련

② 제보 관련

알리기 전에
알면 좋은 사실들

기타 사례: 판례

정당 논평에서 「〇〇〇 는 떡값을 받는 검사다. 수사지휘를 하거나
수사 보고를 받을 수 있는 직위를 이용해 □□ 그룹 관계자들을
비호하고 수사가 제대로 이뤄지지 않도록 방해했다」고 비판해
명예훼손으로 고소당한 정당인은 무죄 판결을 받았다. 재판부는
「논평 자체는 허위 사실로서 명예훼손죄에 해당하는 사실적
표현이다. 그러나 공직자의 경우 청렴성과 수사과정의 공정성은
엄정하고 철저하게 검증되어야 하므로 그에 대한 의혹 제기는 쉽게
봉쇄돼선 아니 된다」고 위법성 조각 이유를 설명했다. 또 「피고가
게재한 글의 내용이나 표현 방식, 공익성의 정도, 사실확인을 위한
노력의 정도 등을 종합하면 피고의 행위가 표현의 자유의 한계를
벗어난 것으로 보기는 어렵다」고 덧붙였다.
<대법원 2014.6.12. 선고 2012다4138>

명예훼손죄에 있어 공연성은 불특정 또는 다수가 인식할 수 있는
상태를 의미하므로 비록 한 사람에게 사실을 유포하더라도 그것이
불특정 다수에게 전파될 가능성이 있다 한다면 공연성의 요건을
충족한다. 이와 달리 전파 가능성이 없다면 특정인에 대한 유포는
공연성이 성립하지 않는다.
<대법원 2011.9.8. 선고 2010도7487>

사례

① 명예훼손 관련
② 제보 관련

알리기 전에
알면 좋은 사실들

기타 사례: 판례

강압 수사, 사건 무마 청탁 등을 밝히며 「군 검찰이 거짓 진술을 강요했다」라는 제목으로 기사를 써 육군 검찰을 비판해 1, 2심에서 패소한 ○○ 언론의 경우 그 공익성이 충분히 인정된다. 언론이 의혹을 품을 만한 충분하고도 합리적인 이유가 존재하고 그 사항의 공개가 공공의 이익을 위한다고 인정되는 경우 언론 보도로 인해 공직자 개인의 사회적 평가가 다소 저하되더라도 그것은 일반적인 명예훼손이라고 할 수 없다.
<대법원 2014.4.24. 선고 2013다74837>

시사주간지 ○○○ 기자가 기사에 「수사과정에서 검찰이 구형량을 수단으로 피의자 □□□ 을 회유·협박해 허위 진술을 강요했다」라고 적으며 검찰 수사 과정을 비판한 사실은 공익성에 입각했을 때 명예훼손에 해당하지 않는다. 공적인 기관인 검찰의 수사과정은 국민의 관심사이며 표현의 자유로서 위법성이 조각된다. 기사의 표현 방식, 공익성의 정도, 사실 확인을 위한 노력 등을 고려했을 때 의도가 악의적이거나 심히 경솔했다고 보이지 않는다.
<대법원 2012.8.23. 선고 2011다40373>

사례

① 명예훼손 관련
② 제보 관련

기타 사례: 판례

전국교직원노동조합 소속교사가 작성·배포한 보도자료 일부에
사실과 다른 기재가 있으나 전체적으로 그 기재 내용이 진실하고
공공의 이익을 위한 것이므로 명예훼손죄의 위법성이 조각된다.
<대법원 2001. 10. 9. 선고 2001도3594>

교회 담임목사를 출교 처분한다는 취지의 교단 산하 재판위원회의
판결문을 복사하여 예배를 보러 온 신도들에게 배포한 행위에 의해
그 목사의 개인적인 명예가 훼손되었다 하더라도 그것은 진실한
사실로서 오로지 교단 또는 그 산하교회 소속 신자들의 이익에 관한
때에 해당하거나 적어도 사회상규에 위배되지 아니하는 행위에
해당하여 위법성이 없다.
<대법원 1989. 2. 14. 선고 88도899>

형법 제309조 제2항의 출판물 등에 의한 명예훼손죄가 성립하려면
그 적시하는 사실이 허위이어야 할 뿐 아니라 범인이 그와 같은
사실이 허위라고 인식하여야 된다고 할 것이고, 만일 범인이 그와
같은 사실이 허위라는 인식을 하지 못하였다면 형법 제309조
제1항의 죄로서 벌하는 것은 별론으로 하고 형법 제309조 제2항의
죄로서는 벌할 수 없다.
<대법원 1994. 10. 28. 선고 94도2186>

사례

① 명예훼손 관련
② 제보 관련

알리기 전에
알면 좋은 사실들

기타 사례: 판례

특정 상가건물관리회의 회장이 위 관리회의 결산보고를 하면서
전 관리회장이 체납관리비 등을 둘러싼 분쟁으로 자신을 폭행하여
유죄 판결을 받은 사실을 알린 경우 건물관리회원 전체의 관심과
이익에 관한 것으로서 형법 제310조에 의하여 위법성이 조각된다.
<대법원 2008. 11. 13. 선고 2008도6342>

회사의 대표이사에게 압력을 가해 단체 협상에서 양보를 얻어내기
위한 방법의 하나로 현수막과 피켓을 들고 확성기를 사용하여
반복해서 불특정 다수의 행인을 상대로 소리치면서 거리행진을
함으로써 위 대표이사의 명예를 훼손한 행위는 공공의 이익을 위해
사실을 적시한 것으로 볼 수 없어 위법성이 조각되지 아니한다.
<대법원 2004. 10. 15. 선고 2004도3912>

학교운영의 공공성, 투명성의 보장을 요구하여 학교가 합리적이고
정상적으로 운영되게 할 목적으로 공연히 사실을 적시하였더라도
피해자들의 거주지 앞에서 그들의 주소까지 명시하여 명예를
훼손하였다면 이는 공공의 이익을 위한 사실의 적시로 볼 수 없어
위법성이 조각되지 아니한다.
<대법원 2008. 3. 14. 선고 2006도6049>

사례

① 명예훼손 관련
② 제보 관련

기타 사례: 판례

노동조합 조합장이 전임 조합장의 업무처리 내용 중 근거 자료가 불명확한 부분에 대하여 대자보를 작성 부착한 행위는 공공의 이익을 위한 것이고, 적시된 내용을 진실이라고 믿고 그렇게 믿은 데에 상당한 이유가 있으므로 위법성이 조각된다.
<대법원 1993. 6. 22. 선고 92도3160>

감사원에 근무하는 감사주사가 감사사항에 대한 감사가 종료된 후 감사반원들의 토론을 거쳐 감사지적사항으로 선정하지 않기로 하여 감사가 종결된 것임에도 불구하고, 일일감사상황보고서의 일부를 변조하여 제시하면서 자신의 상사인 감사원 국장이 고위층의 압력을 받고 감사기간 중 자신이 감사를 진행 중인 사항에 대한 감사활동을 중단시켰다고 기자회견을 한 경우 그 적시사실의 허위성에 대한 인식은 물론 상사에 대한 비방의 목적도 인정된다.
<대법원 2002. 8. 23. 선고 2000도329>

교장이 여성 기간제교사에게 차 접대 요구와 부당한 대우를 했다는 인상을 주는 내용의 글을 게재한 교사의 명예훼손 행위는 공공의 이익에 관한 것으로 해석돼 위법성이 조각된다.
<대법원 2008. 7. 10. 선고 2007도9885>

사례

① 명예훼손 관련
② 제보 관련

학생에게 행한 교사의 폭언 고발: 교육청 조사 및 사과

학생에 대한 고등학교 교사의 폭언·폭행·성희롱 등 인권침해
의혹이 SNS를 통해 확산되어 관할 교육청이 조사에 나섰다.
인권침해 당사자로 지목된 교사는 학생들에게 사과하며
학생부장직에서 사임했다.

트위터 계정 □□ 고를 도와주세요에는 □□ 고등학교에서
학생부장을 맡고 있는 ○○○ 교사에 대한 제보 20여 건이 올라왔다.
익명의 제보자는 「○○○ 선생님은 자신이 옛날에 여학생 배를 발로
차서 창자를 터뜨린 적 있다며 주먹을 쥐고 관절 꺾는 소리를 냈다」
면서 「남학생은 성기를 잡아당기고 여학생은 머리채를 잡아당기는
행동을 서슴지 않는다」라고 주장했다. 다른 학생은
○○○ 선생님이 「네가 오늘 집에 가는 길에 강간을 당했다면 그
강간범도 인간일까」라고 물었다고 주장했다.

해당 내용이 퍼진 후 많은 졸업생을 통해 비슷한 제보가 빗발쳤고
이에 관할 교육청은 조사 후 결과에 따라 처벌하겠다는 의견이다.

○○○ 교사는 신문 기사를 통해 「학생들을 위한다는 미명 아래
강압적인 옛날 방식으로 지도했다. 학생들에게 공개 사과하고 대화를
나눴다. 학생부장직에서 사임하고 반성하며 앞으로 좀 더 좋은 선생이
될 수 있도록 노력하겠다」라고 말했다.

사례

① 명예훼손 관련
② 제보 관련

대리점 폭로 사건: 불매운동 및 명예훼손 불기소

□□ 유업 대리점을 운영하던 ○○○ 씨는 □□ 유업 측이 가하는 횡포에 시달리던 중 본사 직원이 대리점주들에게 욕설과 막말을 퍼부으며 물품 구매를 강요하는 통화 녹음파일을 인터넷에 올렸다.

○○○ 씨는 구매 강요에 대해 본사 직원과 통화하며 갖은 욕설과 막말을 들었는데, 우연히 녹음된 이 통화 내용을 공개한 것이다.

○○○씨가 본사 직원과의 통화 내용을 인터넷에 직접 공개하자 □□ 유업 불매운동이 일어났다. □□ 유업 회장은 직접 사과했다. 같은 해 □□ 유업과 대리점협의회는 피해보상기구의 실질 피해액 산정·보상, 불공정거래 행위 원천 차단, 상생위원회 설치, 대리점 영업권 회복 등을 합의하였다.

해당 본사 영업사원은 명예훼손으로 ○○○ 씨를 고소했지만 욕설 파일을 인터넷에 유포한 행위가 비방 목적보다는 공익성이 크다는 결론이 나왔다. 서울 서부경찰서는 □□ 유업 본사 직원의 욕설 녹취록을 인터넷에 올린 혐의로 수사받아 온 점주 ○○○ 씨 등 두 명을 불기소 의견으로 검찰에 송치했다.

사례

① 명예훼손 관련
② 제보 관련

문단 내 성폭력 논란: 당사자들의 사과 및 사임

문단 내 성폭력 논란은 트위터를 통해 시작됐다. 익명의 이용자가 #문단_내_성폭력을 해시태그로 걸고 성폭력 피해 사실을 폭로하며 시작한 제보가 계속 이어진 것이다.

○○○ 시인은 예고 재학생을 대상으로 한 문예창작실을 열어 수강생들을 상습적으로 성희롱, 성폭행했다. 문하생 5명이 트위터에 피해 사실을 폭로했으며 ○○○ 시인은 이를 인정하고 절필 선언과 함께 사과문을 올렸다.

소설가 □□□ 의 성희롱 목격담 또한 논란이 됐다. 이에 □□□ 은 짧은 사과문을 트위터에 올렸다. 사과문 역시 논란이 되자 그는 트위터 계정을 폐쇄했다. □□□ 의 신작 소설을 출간할 예정이었던 △△△ 출판사는 「□□□ 작가의 뜻에 따라 소설 출간 일정을 연기하기로 결정했다」라고 밝혔다.

사례

① 명예훼손 관련
② 제보 관련

예술계 내 성폭력 논란: 당사자의 사과 및 사임

자신이 예술대학을 다니며 작업하고 있는 21세라고 밝힌 한 트위터 사용자는 「큐레이터 ○○○ 씨에게 성추행 등의 피해를 입었다」라고 밝혔다.

이 글이 올라온 다음 날에는 다른 피해자가 「피해자의 트위터를 보고 이야기해야겠다고 생각했다」며 큐레이터의 실명을 적시하며 자신의 피해 사실을 폭로했다.

피해 여성들의 잇따른 폭로에 온라인에서 논란이 확산되자 ○○○ 씨는 자신의 트위터 계정을 통해 「미술계 내에서의 지위와 권력을 엄밀히 인식하지 못하고, 특히 여성 작가를 만나는 과정에서 주의하지 못했음을 인정한다」면서 「신체 접촉이 이루어진 부분에 대해 깊이 사죄하고 후회한다」라고 밝혔다.

이어 「이 모든 것에 대해 책임을 지겠다」면서 「제가 가진 모든 직위를 정리하겠다. 현재 제가 진행 중인 모든 프로젝트를 최대한 빨리 정리한 후 그만두겠다」고 말했다.

이에 ○○○ 씨가 속한 동인들의 문화잡지는 모든 공식 활동을 중단한다고 발표했다. 또한 이 잡지의 총서를 발간하던 곳도 이를 중단하겠다고 밝혔다.

사례

① 명예훼손 관련
② 제보 관련

알리기 전에
알면 좋은 사실들

사학비리 폭로해 해임됐던 교사들:
복직 및 공립학교 특별 채용

사학비리를 폭로해 해임됐던 교사들이 제자리를 찾았다.

사학비리를 공익 제보한 교사 ○○○ 씨를 서울시교육청이 공립학교 교사로 특별 채용했다.

○○○ 씨는 과거 사립학교 재직 중 학교의 급식 비리·공사비 부풀리기 등을 서울시교육청에 신고했다. 같은 사실을 언론 등에도 폭로했다. 이후 학교 재단은 ○○○ 씨를 파면했다.

약 9년 후 서울시는 '서울시교육청 공익 제보 지원 및 보호에 관한 조례'에 근거해 ○○○ 씨를 특별 채용했다.

또 다른 사립학교 교사였던 □□□ 씨도 학교의 입시비리 사실을 고발한 후 해임됐다. 이후 교원소청심사위원회가 □□□ 씨의 「해임처분 취소 청구」에 대해 「절차상 하자」를 이유로 □□□ 씨의 편에 서 주면서 □□□ 씨는 다니던 학교에 복직했다. 학교는 추가 징계를 진행하지 않았다.

사례

① 명예훼손 관련
② 제보 관련

자동차 결함 내부 고발로 고소:
무혐의·권익위 권고 후 복직

□□ 자동차의 엔진 결함 문제를 공익 제보해 회사로부터 고소당한 전직원이 검찰에서 무혐의 처분을 받았다.

○○○ 씨는 「□□ 자동차에서 엔진 결함 등 32건의 품질 문제를 인지하고도 리콜 등 적절한 조치를 하지 않았다」고 언론에 제보하며 국토교통부·미국 도로교통안전국(NHTSA) 등 기관에 신고했다.

이에 □□ 자동차는 회사의 영업비밀을 유출하는 등 사내 보안규정을 위반했다며 ○○○ 씨를 해임하고 부정경쟁방지 및 영업비밀보호에 관한 법률 위반과 업무상 배임 등의 혐의로 고소했다.

□□ 자동차는 공익신고자를 사내보안 규정 위반 사유로 해임한 것은 옳지 않다는 국민권익위원회 권고에 따라 ○○○ 씨를 복직시켰다. 이후 ○○○ 씨가 사표를 내자 형사 고발을 취하했다.

사례

① 명예훼손 관련
② 제보 관련

기타 사례

○○○ 베이커리 회장이 서울 △△ 호텔 지배인 □□□ 씨에게 막말과 욕설을 퍼부으며 지갑으로 뺨을 때린 일이 있었다. 당시 ○○○ 회장의 주정차 시간이 길어지자 지배인 □□□ 씨가 「차량을 옮겨 주차할 것」을 요구한 데 대해 10여 분 동안 욕설을 퍼붓고 지갑으로 □□□ 씨의 뺨을 때린 것이다.

이 사실이 알려지자 ○○○ 베이커리 공식 블로그에 항의 댓글이 무수히 달렸고, 한때 업체 불매운동이 벌어지기도 했다.

•

○○○ 회장은 비행기 탑승 시간보다 늦게 도착해 비행기를 탈 수 없게 되자 항공사 직원에게 항의했고 이 과정에서 신문지를 말아 해당 직원을 폭행했다. 이 사건으로 불매운동 여론이 거세지자 ○○○ 회장은 해당 직원 및 일반 소비자들에게 수차례 사과했다.

•

○○ 그룹 계열사의 한 임원이 「라면 서비스를 제대로 하지 않는다」는 이유로 □□ 항공 여성 승무원을 폭행한 사실이 알려졌다. 해당 사건이 이슈가 되자 그는 해고 조치됐다.

사례

① 명예훼손 관련
② 제보 관련

기타 사례

□□ 복지원 ○○○ 씨는 9년간 각종 기사와 SNS에 「□□ 복지원 사건을 아십니까」로 시작하는 장문의 댓글을 남겼다. 꾸준한 댓글에 네티즌들이 점점 관심을 보이며 응원하기 시작했다. 사람들이 공유하게 되면서 해당 사건은 더 많은 이에게 알려졌다.

노력의 결과로 □□ 복지원 사건 등 진상규명과 국가책임에 관한 법률(□□ 복지원 특별법) 제정안이 국회에 발의됐고, 관련 인터뷰 및 사건 보도가 꾸준히 이뤄지고 있다.

•

한 고등학생이 SNS와 온라인 커뮤니티에 자신이 다니고 있는 □□ 고등학교 건물의 균열 사진을 올렸다. 서울시교육청은 학교에 대한 안전 점검을 실시했다. 정밀조사를 거쳐 □□ 고등학교는 교육청으로부터 안전 점검과 보수공사를 위한 6,400만 원의 예산을 지원받았다. □□ 고등학교 교장은 학생을 징계하려 했지만 언론 및 관련 교육단체의 항의가 빗발쳐 징계하지 못했다.

그 외

마치는 글

알리면 큰일 나지는 않을까 걱정하는 사람들이
막연함을 조금이나마 떨치길 바라며

저자는 법 전문가도, 언론이나 SNS 전문가도 아니다.
책의 내용은 서적, 판례, 전문가의 자문을 바탕으로 작성됐으며
기재된 사실들은 언제라도 바뀔 수 있다.

따라서 책의 내용은 틀리지 않으나 완전하지 않다.

법적 분쟁이 발생했다면 관련 기관이나 법조인에게 의뢰해야 하며
언론 제보는 책에 명시된 언론인에게 문의하는 것이 확실하다.

이 책의 목적은 정보 전달보다는 심적 부담을 더는 데 있다.
알림을 원활하게 진행하기 위해 정확하고 빠른 정보를 얻고 싶다면
책을 참고해 직접 찾아보는 쪽이 더 효과적일 것이다.

대체로 일반인은 법과 언론에 대해 알아둘 기회가 없다. 저자도 책을
만들기 위해 공부하기 전에는 모욕죄와 명예훼손죄가 다른 죄라는
사실도 알지 못했다. 이런 상태에서 부당한 일에 휘말린다면 무지에서
비롯된 불안 속에 제대로 행동하지 못할 가능성이 크다. 하지만
최소한의 정보라도 아는 상태라면, 혹은 도움받을 수 있는 곳을 알고
있다면 그 불안이 상당 부분 줄어들 것이다.

마치는 글

슬프지만 책을 통해서 도움받을 수 있는 사람은 피해를 겪지 않은 사람뿐이다. 책의 내용은 미래의 일에 대한 대비가 전부다.

피해를 겪었던, 그리고 겪고 있는 분들에게는 도움이 되지 못한다. 위로조차도 될 수 없다. 책은 피해자들에게 「이미 피해를 겪어 힘든 상태임에도 침착해야 하며, 감정을 드러내선 안 되고, 복잡한 절차를 따라야 한다」는 잔인한 주문을 하고 있는지도 모른다. 그럼에도 그런 주문을 적었다. 우리 사회는 아직 바뀌지 않았다.

바뀌어야 한다고 생각하는 것들이 세상에 그대로 있다.

가장 큰 걸림돌은 법이다. 빠져나갈 곳이 있다 해도 법은 두렵다. 사실 적시에 의한 명예훼손의 폐지 법안이 수차례 발의됐으나 번번이 무산됐다. 비슷한 사건이 터질 때마다 주목받지만 그뿐이다. 법과 사회가 바뀌기 전까지 사람들은 알리는 일을 창으로, 형법 310조를 방패로, 기관과 단체를 아군으로 두는 수밖에 없다.

아직도 납득할 수 없는 것이 넘치는 세상이다. 이해할 수 없는 세상을 바꾸지도 못한다. 답답하고 분하다.

그래도 이 책을 통해 앞으로 무언가를 알리는 데 드는 거부감이나 불안함, 막연한 감정이 조금이라도 덜어지기를 바란다.

참고 도서

내용 및 구성, 디자인에 도움을 받은 책들

법률나무, 《쉬운 생활법률: 명예훼손죄》, 서울문학, 2017.

이재상 외, 《형법총론》, 박영사, 2017.

주진우, 《주기자의 사법활극》, 푸른숲, 2015.

법률나무, 《명예훼손죄 위법성 조각》, 미디어북, 2017.

박아란, 《미디어와 명예훼손》, 커뮤니케이션북스, 2015.

프로파간다 편집부, 《에센스 부정선거 도감》, 프로파간다, 2015.

스튜디오 선데이, 《근로기준법》, 도그북스, 2016.

도움을 주신 분들

내용 작성 및 자문, 검수에 도움 주신 분들

기획자문   김나연 디자이너

법률자문   김석진 변호사

내용자문   대한법률구조공단
                   이은의 변호사
                   채널예스 엄지혜 기자
                   직장갑질119

주

- 2012년 2월, 6개월 차 임산부가 '채선당'이라는 프랜차이즈 음식점에 갔다가 종업원으로부터 심한 폭행을 당했다는 글을 인터넷에 게재해 파문을 일으킨 사건. 하지만 CCTV 판독과 채선당 측 진술 결과 오히려 더 심한 폭행을 한 건 임신부였던 것으로 밝혀졌다. 이 사건은 결국 쌍방과실로 마무리되었다.

- • 2017년 9월, 서울 240번 버스에서 엄마와 같이 있던 7살 여자아이가 정류장에 혼자 내렸는데 버스가 출발해버리는 일이 발생했다. 이때 버스기사가 문을 열어 달라는 엄마의 호소를 무시하고 욕설까지 퍼부었다는 목격자의 글이 널리 퍼졌다. 하지만 사실 확인 결과, 이는 과장이 섞인 허위 사실로 밝혀졌다. 버스 기사는 단순히 이전 정류장에서 못 내려서 내려달라고 하는 줄 알았고, 정류장 사이 도로에서 내려주기는 위험해 다음 정류장에 내리게 했을 뿐이었다.

우리는 배우고 익혀야 한다.
나를 보호하는 방법을.

특별 부록

가지고 다니면 좋은 명함
도움이 필요한 분들에게 선물하세요.

용감한 개인들이 세상을 바꾼다

읽기 전에 알면 좋은 사람들

한국여성민우회

◆ 인고민상담

상담전화 02-706-5050
(점심시간 12시부터 13시)
eq5050@womenlink.or.kr

◆ 성폭력상담

상담전화 02-335-1858
(점심시간 12시부터 13시)
fc@womenlink.or.kr

◆ 여성부 해바라기센터
1899-3075 (24시간 상담 가능)

대한법률구조공단

• 평일 10시부터 17시까지
인터넷 예약 후 방문

• 사이버법률상담

• http://www.klac.or.kr

• 전화법률상담 132

법률 홈닥터

• 평일 9시부터 18시까지
배치된 기관에 예약 후 방문

• 02-2110-3743, 3868, 3853